Romy Fischer

Strickvirus 1

Romy Fischer

Strickvirus 1

Mehr Informationen, YouTube-Kanal, Crazypatterns etc. auf:
www.romyfischer.de
www.facebook.com/romyfischerarts
www.twitter.com/RomyFischerArts
www.youtube.com/user/romyfischer
www.crazypatterns.net/de/store/RomyFischer
Instagram: romyfischersworld

Bibliographische Information Der Deutschen Bibliothek
Die Deutsche Bibliothek verzeichnet diese Publikation in der Deutschen
Nationalbibliographie; detaillierte bibliographische Daten sind im Internet über
http://dnb.ddb.de abrufbar

Bibliographic information published by Die Deutsche Bibliothek. Die Deutsche Bibliothek
lists this publication in the Deutsche Nationalbibliographie; detailed bibliographic data are
available in the Internet at
http://dnb.ddb.de

Die in diesem Buch gemachten Angaben wurden sorgfältig überprüft.
Es kann jedoch keine Garantie oder Haftung für ihre Richtigkeit übernommen werden.

Herstellung und Verlag: BoD – Books on Demand, Norderstedt
Dieses Buch wurde im On-Demand-Verfahren hergestellt.

Inhalt:

Abkürzungen & Erläuterungen

Ich begrüße dich ganz herzlich zu meinem ersten Buch mit Strickanleitungen. Vielleicht kennst du mich bereits von meinem Youtube-Kanal und/oder durch meine zahlreichen Häkelanleitungsbücher.

Zu Beginn der meisten Anleitungsbücher findet man in der Regel zahlreiche Fotos mit Erklärungen zu einzelnen Arbeitsschritten und Maschenarten für Anfänger. Ich vertrete jedoch die Meinung, dass es für Anfänger am einfachsten ist, die ersten Schritte durch bewegte Bilder, also Videos, zu lernen. Deshalb verzichte ich grundsätzlich auf dieses Kapitel in meinen Anleitungsbüchern und verweise auf meinen Youtube-Kanal http://www.youtu.be/user/romyfischer Dort in den Playlists findest du den Video-Kurs „Stricken lernen - Stricken für Anfänger" mit allen wichtigen Maschenarten. Dieser Videokurs wird von Zeit zu Zeit auch erweitert und aktualisiert.

In diesem Kapitel findest du alle Abkürzungen, die ich in diesem Buch in den Anleitungen verwende.

M = Masche
R = Reihe
Rd = Runde
Wdh = wiederholen
Überspr = überspringen
re = rechts
li = links
U = Umschlag
verschr = verschränkt
abh = abheben
2M re zus.str. = 2 Maschen rechts zusammenstricken
2M re verschr.zus.str. = 2 Maschen rechts verschränkt zusammenstricken
2M re übz.zus.str. = 2 Maschen rechts überzogen zusammenstricken (= 1M re abh, 1M re und die abgehobene M über die gestrickte heben)
3M re übz.zus.str. = 3 Maschen rechts überzogen zusammenstricken (= 1M re abh, 2M re zus.str. und die abgehobene M über die zusammengestrickten M heben)
5M re vorn kreuzen = 5M auf eine Hilfsnadelund vor die Arbeit legen, 5M re, danach die 5M auf der Hilfsnadel re
5M re hinten kreuzen = 5M auf eine Hilfsnadel und hinter die Arbeit legen. 5M re, danach die 5M auf der Hilfsnadel re

Hier noch ein Beispiel für eine Naht, die bei dem einen oder anderen Modell nützlich sein könnte:

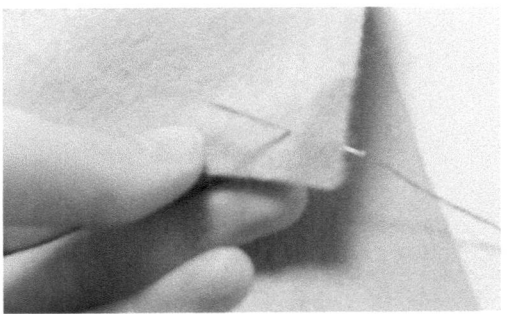 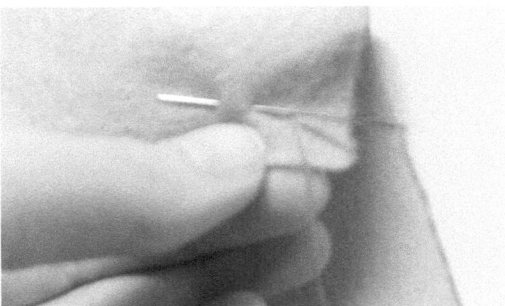

Von unten einstechen und den Faden durchziehen (Abb. 1). Wenige Millimeter daneben einstechen, wieder ausstechen und den Faden wieder durchziehen (Abb. 2).

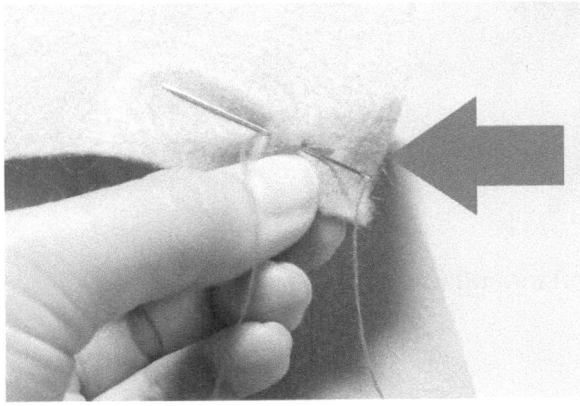

Es entsteht eine Lücke. Um diese Lücke zu schließen, mit der Nadel zurück-gehen und dort wieder einstechen, wo du im vorherigen Schritt eingestochen hast. Und du stichst auch dort wieder aus, wo du im vorherigen Schritt ausge-stochen hast – quasi diesen Schritt wiederholen. Dann wiederholst du ab Abb. 2 immer wieder diese beiden Schritte.

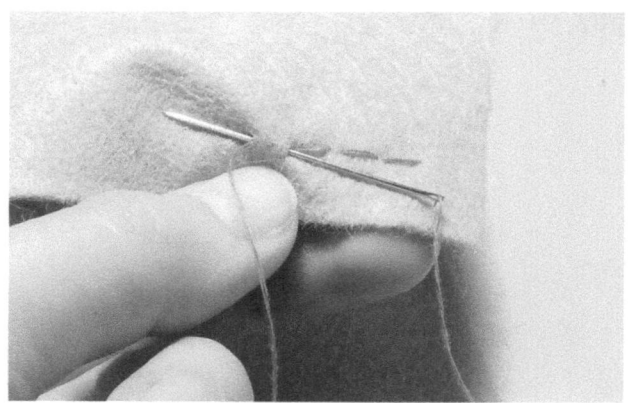

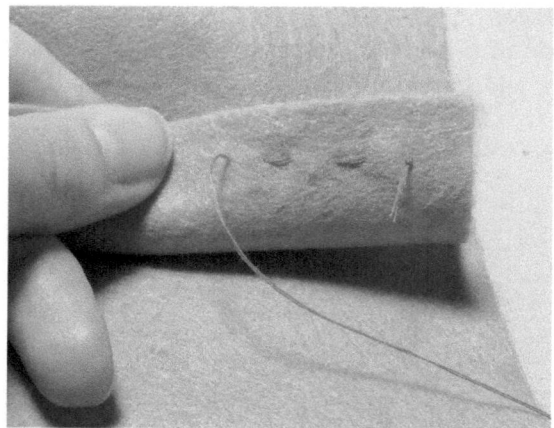

So sieht die Naht von innen/hinten aus.

RVU Pulli Sansibar

Material:

- Für die Gr. 36/38 habe ich insgesamt 5x 50g „Adina" von Rellana (Nr. 81) verwendet, sowie 4x „Kid Mohair mit Seide" von Rellana (Nr. 13); für jede weitere Doppelgröße solltest du 1 weiteres Knäuel Adina einkalkulieren und 0,5 Knäuel Kid Mohair mit Seide; (erhältlich über meinen Shop auf www.romyfischer.de)
- 2x Rundstricknadel 8,0 (80cm lang, sowie ein Nadelspiel in 8,0)
- 2 Maschenmarkierer (ich habe 2 geknotete Schlaufen aus Wolle in einer anderen Farbe verwendet, da sie beim Greifen der Nadel nicht so in den Handinnenflächen drücken, als normale Maschenmarkierer)
- Maßband, Schere und Wollnadel, Steck- oder Sicherheitsnadeln, ggf. Häkelnadel, falls du den Halsausschnitt zusammenhäkeln möchtest

Gestrickt wird in zunächst in Reihen, später in Runden in der RVU-Technik (Raglan von unten). Dies bedeutet, der Pullover wird von unten aufwärts in einem Stück gestrickt, zunächst in Runden, an den Ärmeln wird später geteilt und in Reihen gestrickt. Dazu an passender Stelle dann mehr.

Prinzipiell ist RVU für die Menschen leichter zu stricken, die mit der ganzen Berechnung für die RVO-Technik Schwierigkeiten haben. Hierfür braucht man nämlich keine große Berechnung.

Du musst mit dem Maßband einfach nur den Hüftumfang messen.
Wenn du diesen gemessen hast, kannst du anhand meiner Beispielzahlen ganz super leicht deine benötigte Maschenzahl berechnen.

Mit welcher Maschenzahl du startest, hängt von 2 Faktoren ab.
Einerseits dein bereits erwähnter Hüftumfang (nicht Taille, wie viele oft verwechseln, sondern Hüfte – rund um den Po), aber auch deine Maschenprobe, die du unbedingt noch vorher anfertigen musst.

Hier meine Beispielzahlen – in die entsprechenden Bereiche kannst du deine Zahlen eintragen. So ist es sehr übersichtlich, und du kannst nicht so schnell durcheinanderkommen.

Mein Hüftumfang: 97cm

Dein Hüftumfang: _____

Meine Maschenprobe: 10cm Länge = 13 Maschen

Deine Maschenprobe: 10cm Länge = _____

Jetzt die Berechnung:

13 Maschen : 10cm = 1,3 Maschen (diese Zahl berechnet die Anzahl der Maschen, die ich für 1cm Länge benötigen würde)

1,3 Maschen x 97cm Hüftumfang = 126,1 Maschen

Da 126,1 eine krumme Zahl ist, mit der man natürlich nicht arbeiten kann, muss sie entweder auf- oder abgerundet werden.

Jetzt deine Berechnung:

_____ Maschen : 10cm = _____ Maschen

_____ Maschen x _____ cm Hüftumfang = _____

Hinweis: Für das Muster muss die gesamte Maschenzahl teilbar sein durch 20.

Da 126,1 zum einen eine krumme Zahl ist, zudem auch nicht durch 20 teilbar, muss ich entweder auf 130 hochgehen, oder aber auf 120 runtergehen. Ich habe mich in meinem Fall für das Abrunden auf 120 entschieden, damit er später etwas enger sitzt und nicht zu locker.

Deine auf- oder abgerundete Maschenzahl lautet: _____

Am Ende entweder eine Sicherheitsnadel oder einen Maschenmarkierer auf die Nadel schieben, damit du dort immer wieder sehen kannst, wie eine Runde endet und eine neue Runde beginnt.

Hier nun das Bortenmuster bzw. Bündchenmuster:

Rd 1-10: *1M re, 1M li, ab * wdh

Direkt im Anschluss folgt das Hauptmuster.

Da es sein kann, dass du vielleicht eine andere Anzahl an Runden gestrickt hast für das Bündchen und das Hauptmuster generell neu gezählt wird, fange ich aus Sicherheitsgründen wieder bei Rd 1 an, damit niemand durcheinanderkommt.

Rd 1: *3M re, 2M re zus.str., 1U, 1M re, 1U, 2M re verschr.zus.str., 2M re, ab * wdh

Rd 2: re

Rd 3: *2M re, 2M re zus.str., 1M re, 1U, 1M re, 1U, 1M re, 2M re verschr.zus.str., 1M re, ab * wdh

Rd 4: re

Rd 5: *1M re, 2M re zus.str., 2M re, 1U, 1M re, 1U, 2M re, 2M re verschr.zus.str., ab * wdh

Rd 6: re

Rd 7: *3M re verschr.zus.str., 3M re, 1U, 1M re, 1U, 3M re, ab * wdh

Rd 8: re

Rd 9: *1M re, 1U, 2M re verschr.zus.str., 5M re, 2M re zus.str., 1U, ab * wdh

Rd 10: re

Rd 11: *1M re, 1U, 1M re, 2M re verschr.zus.str., 3M re, 2M re zus.str., 1M re, 1U, ab * wdh

Rd 12: re

Rd 13: *1M re, 1U, 2M re, 2M re verschr.zus.str., 1M re, 2M re zus.str., 2M re, 1U, ab * wdh

Rd 14: re

Rd 15: *1M re, 1U, 3M re, 3M re verschr.zus.str., 3M re, 1U, ab * wdh

Rd 16: re

Insgesamt habe ich für meine Größe das Hauptmuster 4x gestrickt – doch jede/r sollte das für sich selbst ausmessen, denn es variiert je nach Größe bzw. Körperhöhe bzw. je nachdem wie lang oder kurz der Pulli im einzelnen werden soll.
Deshalb sollte jede/r das für sich selbst abmessen, wie hoch man den Pulli stricken will, bis man die Armausschnitte beginnen kann.

Bevor du die Rd 16 ein letztes Mal strickst, um danach die Armausschnitte zu arbeiten, solltest du während des Strickens die Maschen zählen und exakt nach der Hälfte einen zweiten Maschenmarkierer setzen (in meinem Fall zwischen Masche 60 und 61).
Denn dadurch teilst du den Pulli in 2 Hälften.

Den Arbeitsfaden abschneiden, verknoten und vernähen.

Fortan wird nicht mehr in Runden gestrickt, sondern Vorder- und Rückseite unabhängig voneinander in Reihen.

Hierfür nimmst du die zweite Rundstricknadel zur Hand.
Um die Armausschnitte stricken zu können, müssen wir beidseitig Randmaschen stricken.
Deshalb musst du unbedingt zu Beginn der 1. Reihe 1 Masche aufnehmen und nach Abschluss der 1. Reihe nochmal 1 Masche am Rand aufnehmen.
Diese beiden neu aufgenommenen Maschen werden in jeder Reihe IMMER rechts gestrickt.

So werden die Reihen gestrickt:

R 1: 1M re, *3M re, 2M re zus.str., 1U, 1M re, 1U, 2M re verschr.zus.str., 2M re, ab * wdh, letzte M re

R 2: erste und letzte M re, sonst die ganze R li stricken

R 3: 1M re, *2M re, 2M re zus.str., 1M re, 1U, 1M re, 1U, 1M re, 2M re verschr.zus.str., 1M re, ab * wdh, letzte M re

R 4: erste und letzte M re, sonst die ganze R li stricken

R 5: 1M re, *1M re, 2M re zus.str., 2M re, 1U, 1M re, 1U, 2M re, 2M re verschr.zus.str., ab * wdh, letzte M re

R 6: erste und letzte M re, sonst die ganze R li stricken

R 7: 1M re, *3M re verschr.zus.str., 3M re, 1U, 1M re, 1U, 3M re, ab * wdh, letzte M re

R 8: erste und letzte M re, sonst die ganze R li stricken

R 9: 1M re, *1M re, 1U, 2M re verschr.zus.str., 5M re, 2M re zus.str., 1U, ab * wdh, letzte M re

R 10: erste und letzte M re, sonst die ganze R li stricken

R 11: 1M re, *1M re, 1U, 1M re, 2M re verschr.zus.str., 3M re, 2M re zus.str., 1M re, 1U, ab * wdh, letzte M re

R 12: erste und letzte M re, sonst die ganze R li stricken

R 13: 1M re, *1M re, 1U, 2M re, 2M re verschr.zus.str., 1M re, 2M re zus.str., 2M re, 1U, ab * wdh, letzte M re

R 14: erste und letzte M re, sonst die ganze R li stricken

R 15: 1M re, *1M re, 1U, 3M re, 3M re verschr.zus.str., 3M re, 1U, ab * wdh, letzte M re

R 16: erste und letzte M re, sonst die ganze R li stricken

Die Reihen 1-16 stets wiederholen, bis die gewünschte Höhe für die Ärmel erreicht wurde (in meinem Fall habe ich das Muster insgesamt 2x gestrickt, also 32 Reihen) und danach elastisch abketten.

Elastisch abketten deshalb, da durch das gewöhnliche Abketten eine sehr feste Naht entsteht, die sich eher nicht für Bündchen und Ausschnitte eignet. Für das elastische Abketten 2M re stricken, mit der linken Nadel vorne durch beide Maschen stechen, den Faden mit der rechten Nadel holen, durch beide Maschen ziehen, und beide Maschen von der linken Nadel gleiten lassen. Danach jeweils immer 1M re stricken und diesen Schritt wiederholen.

Ich habe einen längeren Faden beim Abschneiden drangelassen, damit ich diesen später zum Zunähen benutzen konnte.

Da ich einen geraden U-Boot Ausschnitt für das Tee haben wollte, habe ich keine Aussparung für den Halsausschnitt gestrickt.

Diesen Schritt auf der anderen Seite wiederholen, bis Vorder- und Rückseite fertig gestrickt sind.

Danach kommt das Nadelspiel zum Einsatz für die Ärmel.
Am Rand fasst du auf beiden Seiten des Ärmels die Randmaschen auf – in meinem Fall pro Seite 17; also insgesamt 34.

Die erste Rd wird mit rechts verschränkten Maschen gestrickt.

Beachte bitte, dass die M-Zahl für das Muster unbedingt teilbar sein muss durch 10.
Da in meinem Fall 34 nicht teilbar ist durch 10, musste ich in der nächsten Runde insgesamt 4M abnehmen – am Anfang 2x 2M re verschr.zus.str., am Ende 2x 2M re zus.str., so dass ich auf 30M komme – in meinem Fall ist der Ärmel etwas enger geworden. Solltest es etwas lockerer wünschen, müsstest du auf die nächst höhere Zahl aufrunden, die teilbar ist durch 10.
Dies wäre in diesem Fall 40 gewesen, weshalb man insgesamt 6M hätte zunehmen müssen.
Zunahmen kann man wie folgt stricken: 1M re, und von hinten durch die gleiche M einstechen und 1M re verschr. Stricken. So hat man aus 1M gleich 2M herausgestrickt.

Das Hauptmuster wird an den Ärmeln in Runden wiederholt.
Ich habe es insgesamt 3x hintereinander gestrickt, bis ich im Anschluss 10 Runden das Bündchen-muster (*1M re, 1M li, ab * wdh) wiederholt habe.
Doch die Anzahl der Wiederholungen des Hauptmusters für die Ärmel ist abhängig von der

Länge der Arme und muss unbedingt abgemessen werden. Da ich recht kurze Arme habe, reichten 3x vollkommen aus. Andere werden sicherlich 4x oder mehr benötigen – ist natürlich auch abhängig von der Nadelstärke und der Dicke des Garns.

Also bitte unbedingt abmessen, damit die Ärmel später weder zu kurz noch zu lang sind.

Danach wieder elastisch abketten und auf der anderen Seite wiederholen.

Nun hast du 2 kleine Öffnungen auf der Unterseite des Ärmels und oben auf der Schulter. Diese müssen geschlossen werden. Dies geht entweder mit einer Häkelnadel und Kettmaschen, oder aber mit **der Wollnadel nähen.**

Ich fand es genäht einfacher, da ich fand, es ging einfach schneller.

Wie groß soll der Halsausschnitt werden?

Dies müsstest du selbst entscheiden. Jede/r fühlt sich mit einer anderen Weite wohl. Die einen mögen es, wenn das Shirt zur einen Seite über die Schulter rutscht, die anderen mögen das absolut nicht. Ich habe es soweit zugenäht, dass das Shirt zu beiden Seiten noch knapp auf den Schultern sitzt, ohne herunterzurutschen. Am besten auch hier wieder vor dem Spiegel ausprobieren und mit ein paar Sicherheitsnadeln feststecken.

Da das Tee einen U-Boot Ausschnitt hat, rate ich davon ab, den Ausschnitt zu weit zu schließen, da es sonst zu weit am Hals und Nacken heraufragt.

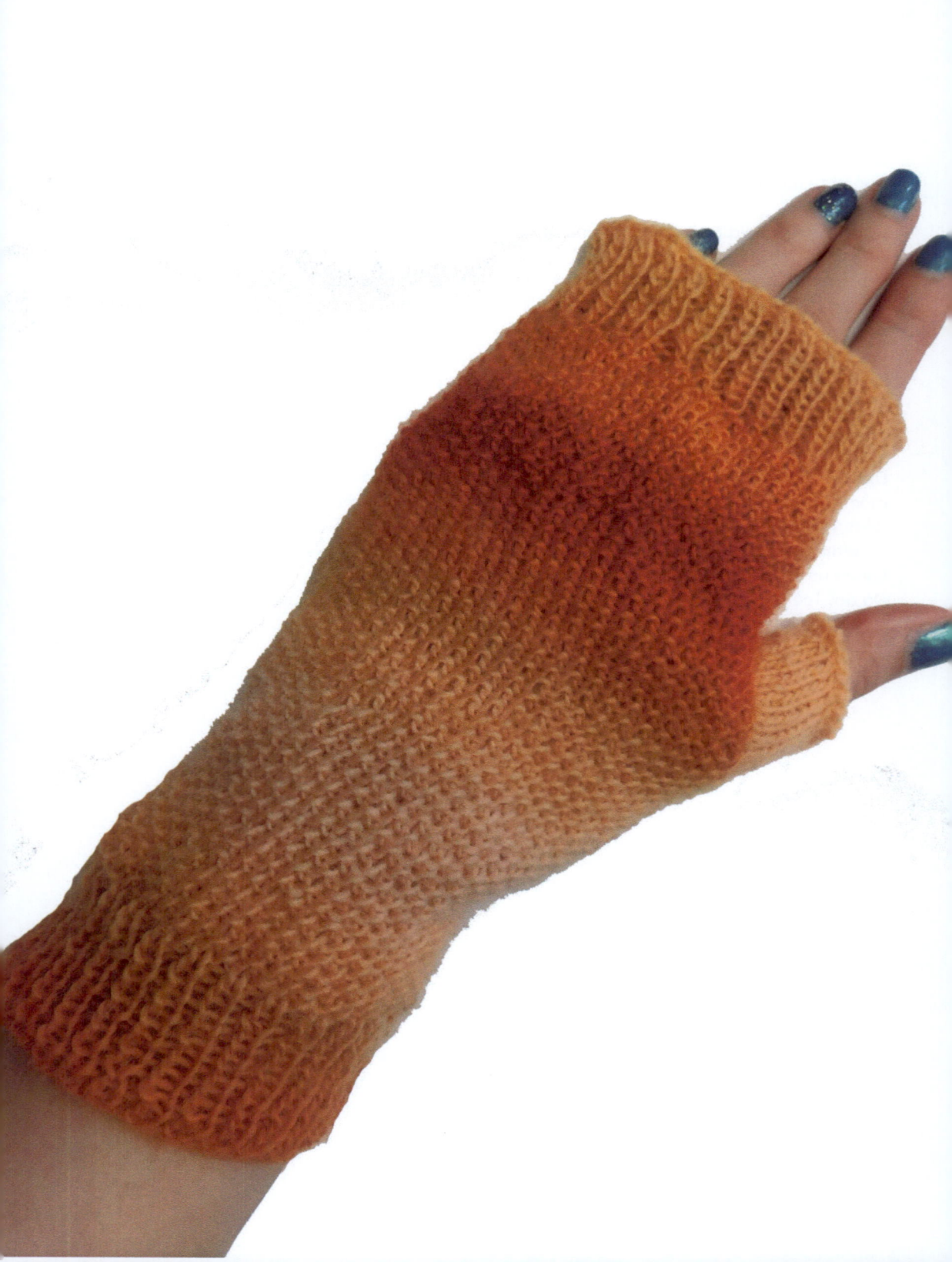

Stulpen Mathilda

Material:

- 1 Knäuel Year Socks von Woolly Hugs in der Farbe 09 (erhältlich über meinen Shop auf www.romyfischer.de)
- CrasyTrio Nadelspiel 3,0
- Maßband, Schere und Wollnadel

Um die Stulpen passgenau auf jeden Handgelenksumfang zu arbeiten, wäre es am einfachsten, mit einem Maßband zunächst den Umfang des Handgelenks abzumessen, dann eine Maschen-probe zu machen und daraufhin die exakte Maschenzahl auszurechnen.

Als Standard habe ich insgesamt 60 Maschen aufgenommen (für sehr schmale Handgelenke reichen 48 Maschen) und zur Runde geschlossen (Maschenzahl teilbar durch 2).

Das Bündchen wird mit 1M re, 1M li stets im Wechsel insgesamt über 15 Runden gestrickt.

Danach folgt das Hauptmuster:

Rd 1: *1M li, 1M re, ab * wdh
Rd 2: *1M re, 1M li, ab * wdh

Das Hauptmuster zunächst insgesamt 40 Runden stricken (beide Rd insgesamt 20x).
Im Anschluss folgt die Daumenöffnung - hierfür in Reihen stricken:

R 1: *1M li, 1M re, ab * wdh
R 2: *1M li, 1M re, ab * wdh

Insgesamt 20 Reihen stricken - direkt im Anschluss wieder in Runden weitermachen (20 Rd).
Zum Abschluss erneut 10 Rd im Bündchenmuster. Die Maschen am besten elastisch abketten.
Die Erläuterung ist im Kapitel Pulli Sansibar auf S. 14 zu finden.

An der Daumenöffnung insgesamt 20M am Rand aufnehmen und auf beide CrasyTrio Nadeln verteilen. Insgesamt 10 Rd glatt re stricken, und im Anschluss auch hier elastisch abketten.

Alle Fäden vernähen - fertig.

Tuch Spaziergang

Material:

- 2x 100g/250m „Sky" von Woolly Hugs (Nr. 38) verwendet; (erhältlich über meinen Shop auf www.romyfischer.de)
- Rundstricknadel 6,0 (80cm lang)
- Schere und Wollnadel

Gesamtgröße: das Tuch ist asymmetrisch. Die eine Seite ist 100cm lang, die anderen beiden 130cm bzw. 160cm (bei Verwendung des Originalgarns, der Originalnadelstärke und der gleichen Anzahl an Reihen, die ich hier in dieser Anleitung angegeben habe – das Tuch kann beliebig erweitert, vergrößert oder auch verkleinert werden.

Das Tuch wird mit einer geringen Maschenzahl gestartet und wird mit der Zeit immer größer und größer – theoretisch kann man das Tuch auch noch größer stricken, als ich es hier angegeben habe. Du wirst im Verlauf der Anleitung sehen, wie sich der Musterrhythmus entwickelt und kannst es dann auch auf eine größere Größe bei Bedarf anpassen.

Die Zunahmen werden immer in den Hinreihen (Reihe 1, 3, 5, 7 etc.) gestrickt. In den Rückreihen (Reihe 2, 4, 6, 8 etc.) finden keine Zunahmen statt.

Hinweis: die Zunahmen werden immer in der letzten Masche der Hinreihen gestrickt. Und zwar wird die letzte Masche wie folgt gearbeitet: 1M re + 1U + 1M re (alles in die gleiche letzte Masche).

Beginne damit, 8M aufzunehmen

R 1: 1M re, 1U, 2 re verschr.zus.str., 1M re, 2M re zus.str., 1U, 1M re, letzte M = 1M re + 1U + 1M re
R 2: jede M li
R 3: 1M re, 1U, 1M re, 3M re übz.zus.str., 1M re, 1U, 1M re, 1U, 2M re verschr.zus.str., letzte M = 1M re + 1U + 1M re
R 4: jede M li
R 5: 1M re, 2M re zus.str., 1U, 1M re, 1U, 2M re verschr.zus.str., 1M re, 2M re zus.str., 1U, 1M re, 1U, 1M re, letzte M = 1M re + 1U + 1M re
R 6: jede M li
R 7: 2M re zus.str., 2x (1M re, 1U), 1M re, 3M re übz.zus.str., 2x (1M re, 1U), 1M re, 2M re verschr.zus.str., letzte M = 1M re + 1U + 1M re
R 8: jede M li
R 9: 1M re, 2x (1U, 2 re verschr.zus.str., 1M re, 2M re zus.str., 1U, 1M re), letzte M = 1M re + 1U + 1M re
R 10: jede M li
R 11: 1M re, 2x (1U, 1M re, 3M re übz.zus.str., 1M re, 1U, 1M re), letzte M = 1M re + 1U + 1M re
R 12: jede M li

R 13: 1M re, 2x (2M re zus.str., 1U, 1M re, 1U, 2M re verschr.zus.str., 1M re), letzte M = 1M re + 1U + 1M re

R 14: jede M li

R 15: 2M re zus.str., 3x [2x (1M re, 1U), 1M re, 3M re übz.zus.str.], letzte M = 1M re + 1U + 1M re

R 16: jede M li

R 17: 1M re, 3x (1U, 2 re verschr.zus.str., 1M re, 2M re zus.str., 1U, 1M re), letzte M = 1M re + 1U + 1M re

R 18: jede M li

R 19: 1M re, 3x (1U, 1M re, 3M re übz.zus.str., 1M re, 1U, 1M re), letzte M = 1M re + 1U + 1M re

R 20: jede M li

R 21: 1M re, 3x (2M re zus.str., 1U, 1M re, 1U, 2M re verschr.zus.str., 1M re), letzte M = 1M re + 1U + 1M re

R 22: jede M li

R 23: 2M re zus.str., 4x [2x (1M re, 1U), 1M re, 3M re übz.zus.str.], letzte M = 1M re + 1U + 1M re

R 24: jede M li

Die Reihen 17 bis 24 werden stets wiederholt, nur mit dem Unterschied, dass bei jeder weiteren Wiederholung die jeweilige Klammer (...) und [...] 1 weiteres Mal mehr gestrickt wird. Das heißt, ab Reihe 25 werden die Klammern insgesamt 4x bzw. 5x gestrickt, ab Reihe 33 werden die Klammern insgesamt 5x bzw. 6x gestrickt usw.

Insgesamt habe ich 204 Reihen gestrickt und im Anschluss alle Maschen elastisch abgekettet. Wie das elastische Abketten funktioniert, wird im Kapitel Pulli Sansibar auf S. 14 erklärt.

Tee Traumfänger

Material:

- Für die Gr. 36/38 habe ich insgesamt 5x 50g „Silky" von Pro Lana in brombeere (Nr. 45) verwendet; für jede weitere Doppelgröße solltest du 1 weiteres Knäuel einkalkulieren; (erhältlich über meinen Shop auf www.romyfischer.de)
- 2x Rundstricknadel 3,5 (80cm lang, sowie ein Nadelspiel bzw. CrasyTrio in 3,5)
- 2 Maschenmarkierer (ich habe 2 geknotete Schlaufen aus Wolle in einer anderen Farbe verwendet, da sie beim Greifen der Nadel nicht so in den Handinnenflächen drücken, als normale Maschenmarkierer)
- Maßband, Schere und Wollnadel, ggf. Häkelnadel, falls du den Halsausschnitt zusammenhäkeln möchtest

Gesamthöhe: Im Original habe ich für Gr. 36/38 gestrickt, Höhe ca. 58cm – das Tee ist aber auf jede Größe anpassbar.

Mit welcher Maschenzahl du startest, hängt von 2 Faktoren ab.
Einerseits dein bereits erwähnter Hüftumfang (nicht Taille, wie viele oft verwechseln, sondern Hüfte – rund um den Po), aber auch deine Maschenprobe, die du unbedingt noch vorher anfertigen musst.

Hier meine Beispielzahlen – in die entsprechenden Bereiche kannst du deine Zahlen eintragen. So ist es sehr übersichtlich, und du kannst nicht so schnell durcheinanderkommen.

Mein Hüftumfang: 97cm

Dein Hüftumfang: _____

Meine Maschenprobe: 10cm Länge = 26 Maschen

Deine Maschenprobe: 10cm Länge = _____

Jetzt die Berechnung:

26 Maschen : 10cm = 2,6 Maschen (diese Zahl berechnet die Anzahl der Maschen, die ich für 1cm Länge benötigen würde)

2,6 Maschen x 97cm Hüftumfang = 252,2 Maschen

Da 252,2 eine krumme Zahl ist, mit der man natürlich nicht arbeiten kann, muss sie entweder auf- oder abgerundet werden.

Jetzt deine Berechnung:

_____ Maschen : 10cm = _____ Maschen

_____ Maschen x _____ cm Hüftumfang = _____

Hinweis: Für das Bortenmuster muss die gesamte Maschenzahl teilbar sein durch 18.

Da 252 teilbar ist durch 18, bleibe ich bei dieser Maschenzahl. Je nachdem in welcher Richtung du näher dran bist an der nächsten Zahl, die teilbar ist durch 18, solltest du entsprechend entweder auf- oder abrunden.

Deine auf- oder abgerundete Maschenzahl lautet: _____

Am Ende entweder eine Sicherheitsnadel oder einen Maschenmarkierer auf die Nadel schieben, damit du dort immer wieder sehen kannst, wie eine Runde endet und eine neue Runde beginnt.

Hier nun das Bortenmuster:

R 1 + 3: re

R 2: 1M re, *1U, 2M re, 2M re übz.zus.str., 2M re zus., 2M re, 1U, 1M re, ab * wdh, Ende der Runde mit 1U

R 4: *1U, 2M re, 2M re übz.zus.str., 2M re zus., 2M re, 1U, 1M re, ab * wdh

Die Runden 1-4 werden stets wiederholt.
Ich habe das Bortenmuster bis einschließlich Rd 40 gestrickt.

Rd 41 + 43: li

Rd 42: re

Ab Rd 44 habe ich durchgehend rechte Maschen in jeder Runde gestrickt, bis ich auf der Höhe angekommen war, an dem ich die Armausschnitte begonnen habe.

In meinem Fall war dies nach Rd 130 der Fall.
Ob das bei dir auch so ist nach dieser Runde, müsstest du abmessen. Entweder durch anhalten vor dem Spiegel, ob du schon hoch genug gestrickt hast, oder aber durch anhalten auf einem

auf einem T-Shirt.

Als ich die letzte Runde vor den Armausschnitten gestrickt habe, habe ich nach der Hälfte der Maschen einen zweiten Markierer auf die Nadel geschoben, um das Shirt in exakt 2 gleich große Teile zu halbieren (in meinem Fall zwischen die Maschen 126 und 127).

Den Arbeitsfaden abschneiden, verknoten und vernähen.

Ab jetzt wird nur noch in Reihen weitergestrickt, die Vorder- und Rückseite getrennt voneinander.

Nun nimmst du die 2. Rundstricknadel zur Hand. Ich habe, um kurze Ärmel entstehen zu lassen, weitere Maschen aufgenommen. Du müsstest dich entscheiden, ob du dies auch möchtest, oder ob du keine kurzen Ärmel an dein Tee stricken möchtest.

Ich habe in meinem Fall zunächst 16 Maschen aufgenommen mit der 2. Nadel, die Maschen zwischen den 2 Markierern im neuen Muster Reihe 1 abgestrickt, und im Anschluss noch 16 weitere Maschen am Rand aufgenommen.

Den Arbeitsfaden habe ich am Anfang der Reihe am Strickstück auf der Innenseite angeknotet. Hierfür habe ich auch gleich einen etwas längeren Faden drangelassen, den ich später beim Zunähen der kleinen Öffnung benutzen konnte, die dann unter dem Arm entstanden ist – hierzu aber später mehr.

Hinweis: Für das neue Muster muss die Maschenzahl insgesamt teilbar sein durch 2. Zum besseren Verständnis beginne ich hier innerhalb der Reihenzählung wieder bei 1, da jede/r von uns unterschiedlich viele Runden gestrickt hat – damit niemand durcheinanderkommt.

R 1: li
R 2: re
R 3: 3M re, *1M re abh, 1M re, ab * wdh, Ende der Reihe mit 2M re
R 4: 1M re, * 1M re, Faden vor die Arbeit legen + 1M re abh, ab * wdh, Ende der Reihe mit 3M re
R 5: 2M re, *1U, 2M re zus.str., ab * wdh, Ende der Reihe 2M re (vor den letzten 2M re KEINEN Umschlag mehr stricken)
R 6: 1M re, danach alle M li, letzte M re

Die Reihen 1-6 stets wiederholen, bis die gewünschte Höhe für die Ärmel erreicht wurde.
Ich habe darauf geachtet, dass der Ärmel bzw. Armausschnitt nicht zu eng wurde. Ich habe bis einschließlich R 72 gestrickt und danach elastisch abgekettet. Die Erläuterung zum elastischen Abketten findest du im Kapitel Pulli Sansibar auf S. 14.

Ich habe einen längeren Faden beim Abschneiden drangelassen, damit ich diesen später zum Zunähen benutzen konnte.

Da ich einen geraden U-Boot Ausschnitt für das Tee haben wollte, habe ich keine Aussparung für den Halsausschnitt gestrickt.

Diesen Schritt auf der anderen Seite wiederholen, bis Vorder- und Rückseite fertig gestrickt sind.

Danach kommt das Nadelspiel zum Einsatz bzw. in meinem Fall das CrasyTrio für das Bündchen an den Ärmeln.
Am Rand fasst du auf beiden Seiten des Ärmels die Randmaschen auf – in meinem Fall pro Seite 32 (die Maschenzahl muss teilbar sein durch 2).

Nachdem du auf beiden Seiten die Randmaschen aufgefasst hast, strickst du 1 Rd mit rechts verschränkten Maschen.

Für das Bündchen am Ärmel gilt:
Rd 1-4: *1M re, 1M li, ab * wdh

Danach wieder elastisch abketten und auf der anderen Seite wiederholen.

Nun hast du 2 kleine Öffnungen auf der Unterseite des Ärmels und oben auf der Schulter. Diese müssen geschlossen werden. Dies geht entweder mit einer Häkelnadel und Kettmaschen, oder aber mit der Wollnadel nähen. Die Naht erkläre ich dir gleich in Wort und Bild, falls du dich fürs Nähen entscheidest.

Ich fand es genäht einfacher, da ich der Meinung bin, mit einer Häkelnadel nicht so gut durch einen dünnen Strickstoff wie diesen zu kommen. Es ging mir persönlich einfacher und leichter von der Hand.

Wie groß soll der Halsausschnitt werden?

Dies müsstest du selbst entscheiden. Jede/r fühlt sich mit einer anderen Weite wohl. Die einen mögen es, wenn das Shirt zur einen Seite über die Schulter rutscht, die anderen mögen das absolut nicht. Ich habe es soweit zugenäht, dass das Shirt zu beiden Seiten noch knapp auf den Schultern sitzt, ohne herunterzurutschen. Am besten auch hier wieder vor dem Spiegel ausprobieren und mit ein paar Sicherheitsnadeln feststecken.
Da das Tee einen U-Boot Ausschnitt hat, rate ich davon ab, den Ausschnitt zu weit zu schließen, da es sonst zu weit am Hals und Nacken heraufragt.

Schal Stella

Material:

- „Caprice" von Rellana in lila (137m Lauflänge auf 50g; Maschenprobe: 10cm x 10cm =
19M x 26R); im Original habe ich eine Länge des Schals von 1,50m gestrickt und dafür insgesamt
4 Knäule benötigt. Vergleichsweise ist der Schal recht kurz und reicht, um ihn 1x um den Hals zu
wickeln und vorne einen Knoten zu machen. Wer einen längeren Schal wünscht, sollte 1-2
Knäule mehr einkalkulieren.
- (Rund)Stricknadel 4,0, 1 Zopfnadel
- Schere, Wollnadel (zum Vernähen der Fäden)

Nimm 52M auf die Stricknadel auf

R 1: 2x (5M re, 5M li), 12M re, 2x (5M li, 5M re)
R 2: 2x (5M li, 5M re), 12M li, 2x (5M re, 5M li)
R 3: 2x (5M re, 5M li), 6M hinten kr., 6M vorn kr., 2x (5M li, 5M re)
R 4: 2x (5M li, 5M re), 12M li, 2x (5M re, 5M li)
R 5: 2x (5M re, 5M li), 12M re, 2x (5M li, 5M re)
R 6: 2x (5M li, 5M re), 12M li, 2x (5M re, 5M li)
R 7: 2x (5M re, 5M li), 12M re, 2x (5M li, 5M re)
R 8: 2x (5M li, 5M re), 12M li, 2x (5M re, 5M li)

Die Reihen 1-8 stets wiederholen. Ich habe bis einschließlich Reihe 380 gearbeitet und in Reihe
381 alle M abgekettet - selbstverständlich bleibt es jedem selbst überlassen, wie lang oder kurz
er/sie den Schal stricken möchte.

Im Anschluss alle Fäden vernähen - fertig.

Loop Frühlingserwachen

Material:

- Bobbel Regenbogen Nr. 30 („Frische Brise") von Rellana (200g/800m)
- Rundstricknadel 4,0
- Ggf. Reihenzähler
- Wollnadel

Insgesamt 95M auf der Rundstricknadel anschlagen.
Dieser Loop wird in Reihen gestrickt.

R 1: 1 M re, *1U, 3M re übz zus.str, 1U, 3M re, ab * wdh, Ende der Reihe mit 1U, 3M re übz zus.str., 1U, 1Mre
R 2: komplett li stricken
R 1 + 2 insgesamt 3x wdh.

R 9: 4Mre, * 1U, 3M re übz zus.str., 1U, 3Me, ab * wdh, Ende der Reihe mit 4M re
R 10: komplett li stricken
R 9 + 10 insgesamt 3x wdh.

Ab R 17: R 1-16 stets wdh

Dieses Muster (R 1-16) insgesamt 34x wdh – bis einschließlich R 560

Du kannst aus dem Loop auch einen Schal machen, indem du die Enden im nächsten Schritt einfach nicht verbindest, sondern die Maschen einfach abkettest und die Fäden vernähst.

Um nun einen Loop zu machen, gibt es 2 Möglichkeiten. Die eine ist, du kettest die Maschen alle ab, legst beide Enden übereinander – so dass die Rückseite außen ist – und nähst beide Kanten zusammen, indem du einfach die Nadel immer wieder vorne einstichst, den Faden durchziehst und wieder vorne einstichst usw.

Du hast aber auch noch folgende Möglichkeit: du lässt zunächst alle M auf der Nadel und legst den Anfang des Loops genauso über das Ende wie eben in der anderen Möglichkeit beschrieben (Rückseite ist außen). Nun werden die Maschen abgekettet und gleichzeitig mit dem Anfang zusammengestrickt, indem du mit der Nadel zuerst durch die erste M des Anfangs stichst, dann durch die M, die auf der Nadel ist (alle M dieser letzten Reihe werden rechts gestrickt). Hast du die ersten 2 M auf diese Weise gestrickt, kannst du die erste abketten und entsprechend fort-fahren.

Beinstulpen Tiffy

Material:

- 2 Knäule „Caprice" von Rellana in hellgrau; Farbnr. 14 (erhältlich über meinen Shop auf www.romyfischer.de)
- CrasyTrio 3,5 und Zopfmusternadel
- Maßband, Schere und Wollnadel

Ich habe hier eine Standardgröße gestrickt. Wenn du die Stulpen passgenau haben möchtest, solltest du vorweg mit einem Maßband den Umfang deiner Wade abmessen und eine Maschenrpobe machen. So gehst du ganz sicher, dass dir die Stulpen am Ende auch gut passen.

Auf die CrasyTrio Nadeln habe ich insgesamt 68 (34/34) Maschen aufgenommen.

Das Bündchen habe ich insgesamt 12 Rd lang gestrickt: *1M re, 1M li, ab * wdh

Das Zopfmuster habe ich ausschließlich auf Nadel 1 gestrickt, weshalb ich hier nur die 34 Maschen auf Nadel 1 erkläre. Alle Maschen auf Nadel 2 werden kontinuierlich re gestrickt.

Rd 1-5: 7M re, 5M li, 10M re, 5M li, 7M re

Rd 6: 7M re, 5M li, 5M re vorn kreuzen, 5M li, 7M re

Rd 7-16: wie Rd 1-5

Rd 17: wie Rd 6

Rd 7-17 insgesamt 2x wdh, danach Rd 1-5 1x wdh

Im Anschluss folgt das Bündchenmuster erneut über insgesamt 12 Rd.
Die Maschen danach elastisch abketten (elastisches Abketten wird im Kapitel Pulli Sansibar auf S. 14 erklärt) und alle Fäden vernähen.

Seelenwärmer Honeymoon

Material:

- Für die Gr. 36/38 habe ich insgesamt 3x 100g/250m „Sky" von Woolly Hugs (Nr. 63) verwendet; für jede weitere Doppelgröße solltest du 1 weiteres Knäul einkalkulieren; (erhältlich über meinen Shop auf www.romyfischer.de)
- Rundstricknadel 6,0 (80cm lang)
- Ggf. 1 Nadelspiel 6,0; falls du Ärmel dranstricken möchtest
- Maßband, ggf. Stecknadeln, Schere und Wollnadel, wenn du den Seelenwärmer später nicht zusammennähen, sondern lieber häkeln möchtest, benötigst du noch eine Häkelnadel 6,0

Gesamthöhe; ür die Gr. 36/38 habe ich den Seelenwärmer auf 80cm Höhe und ca. 120cm Breite gearbeitet – er kann aber (unabhängig von den Maßen von Konfektionsgrößen) auf jede x-beliebige Höhe und Breite angepasst werden.

Gestrickt wird der Hauptteil zunächst in Reihen. Solltest du später nachträglich noch Ärmel dranstricken wollen, werden die mit dem Nadelspiel in Runden gestrickt.

Mit welcher Maschenzahl du startest, hängt von 2 Faktoren ab, die ich dir gleich näher erläutere. Anhand dieser Faktoren kannst du dir Schritt für Schritt die benötigte Maschenzahl ausrechnen, die du für die jeweilige Größe brauchst.

Zum einen solltest du mit dem Maßband die Breite ausmessen, die du erreichen möchtest. Solltest du keine Person haben, die dir das Maßband anlegt (von Arm zu Arm über die Schultern; beachte wie weit der Seelenwärmer über den Arm fallen soll; ob ¾ Arm, oder bis zum Handgelenk – an diesen Stellen solltest du das Maßband anlegen), dann kannst du auch ein Langarmshirt von dir nehmen und das Maßband von Ärmel zu Ärmel (über die Schultern messen) anlegen.

Notiere dir diese Zahl in cm.

Im nächsten Schritt solltest du unbedingt eine Maschenprobe von dem Garn machen, welches du verwendest – auch wenn du das Originalgarn verwendest. Denn jede/r strickt unterschiedlich fest oder locker. Finde heraus, wie viele Maschen du für 10cm Breite benötigst (stricke hierfür ein paar Reihen, damit die Maschen locker herunterfallen – so kannst du es am besten ausmessen, ohne verzerrte Werte herauszubekommen).

Im Vergleich hier meine Werte:

Ausgemessene Breite: 120cm
Maschenprobe 10cm: 15 Maschen

Hier die Beispielrechnung (trage an passender Stelle einfach deine Daten ein):

120cm : 10 = 12

12 x 15 Maschen = 180

Also sollte meine Maschenzahl irgendwas um die 180 sein.

Für das Hauptmuster muss die Maschenzahl insgesamt teilbar sein durch 6 + 3 (2 Randmaschen sind bereits inklusive).

Da 180 keine Zahl ist, die teilbar ist durch 6 + 3, muss ich die nächst höhere Zahl nehmen, auf die das zutrifft – und das ist die 183.

Also nehme ich 183 Maschen auf die Rundstricknadel auf.

Zunächst beginne ich mit einem Bündchen, welches über insgesamt 10 Reihen geht.

Hinreihen: *2M re, 2M li, ab * wdh, Ende entweder mit 3M re, oder 3M li (in meinem Fall 3M re, es hängt jedoch von der gesamten Maschenzahl ab, wie weit der Wechsel aufgeht)

Rückreihen: wenn du eben mit 3M re beendet hast, beginnst du nun mit 3M li, *2M re, 2M li, ab * wdh; wenn du eben mit 3M li beendet hast, beginnst du nun mit 3M re, *2M li, 2M re, ab * wdh

Nach den 10 Reihen im Bündchenmuster wechselst du ins Hauptmuster.

R 1 + 3 + 5: 1M re, *2M re übz.zus.str., 2M re, 1U, 2M re, ab * wdh, Ende der Reihe mit 4M re

R 2 + 4 + 6 + 8 + 10 + 12: erste und letzte M re, alle anderen li stricken

R 7 + 9 + 11: 4M re, *1U, 2M re, 2M re zu.str., 2M re, ab * wdh, Ende der Reihe mit 1U, 2M re, 2M re zus.str., 1M re

Ab R 13: R 1-12 wdh

↓

zusammengenäht
gehäkelt

Die Hälfte oder maximal zwei Drittel abstecken und zusammennähen/häkeln.

Mütze Slicy'O'Nicy

Material:

- 1 Knäuel Flotte Socke uni 4f schwarz, sowie 1 Knäuel Flotte Socke Kolibri Nr. 6214 (erhältlich über meinen Shop auf
www.romyfischer.de)
- Rundstricknadel 3,0 (40cm Länge), 1 Maschenmarkierer (es reicht eine geknotete Schleife aus einem anders farbigen Garn aus)
- Maßband, Schere und Wollnadel

Ganz wichtig ist für den Anfang, dass du mit einem Maßband den Kopfumfang misst, für den die Mütze bestimmt sein soll, und anschließend eine Maschenprobe mit dem Kolibri Sockengarn machst, damit die Mütze später genau passt - ich stricke hier zwar eine Standardgröße, aber eine Garantie, dass sie dann auch für deinen Kopfumfang passt, gibt es leider nur dann, wenn du selbst vorher nachmisst.

Die Maschenzahl muss teilbar sein durch 12 - ich habe 156 Maschen in Kolibri (bunt) aufgenommen und zur Runde geschlossen.

Insgesamt 15 Rd Bündchen stricken: *1M re, 1M li, ab * wdh
Anschließend an den bunten Arbeitsfaden den schwarzen Faden anknoten.
HINWEIS: Nach jeder abgeschlossenen Rd werden beide Fäden auf der Rückseite miteinander verkreuzt – das ist ganz wichtig, damit vorne kein Übergang sichtbar wird und keine Lücken entstehen.

Kleiner Exkurs Brioche-Stricken:

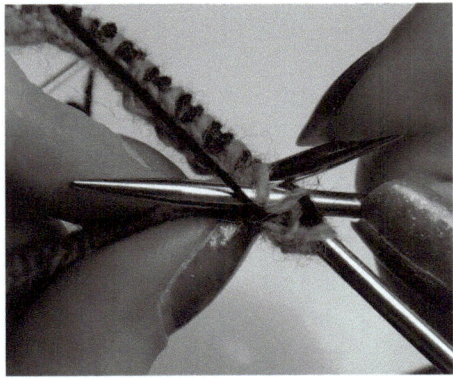 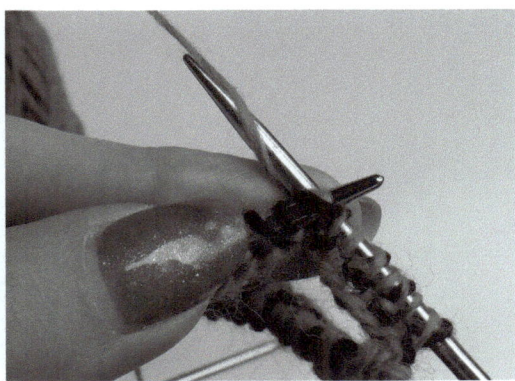

Bild links: 1 Masche links abheben + 1 Umschlag
Bild rechts: 1M re = 1 Masche mit Umschlag zusammen rechts stricken

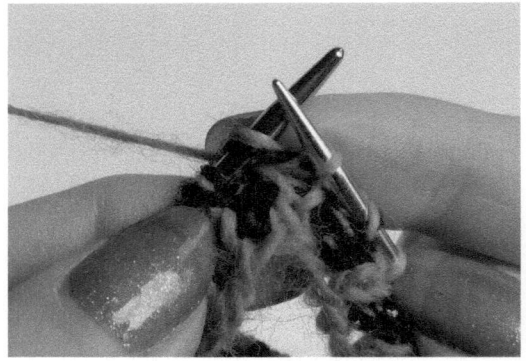
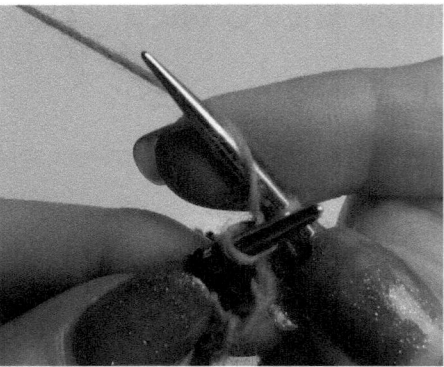

Hier die Schritt-für-Schritt-Fotos für 5Mre aus 1:
(= aus der Masche mit Umschlag 1M re stricken, die Masche mit Umschlag auf der linken Nadel lassen, 1 Umschlag, wieder 1M re stricken, die Masche mit Umschlag auf der Nadel lassen, 1 Umschlag, noch einmal 1M re stricken, danach die Masche mit Umschlag von der linken Nadel gleiten lassen)

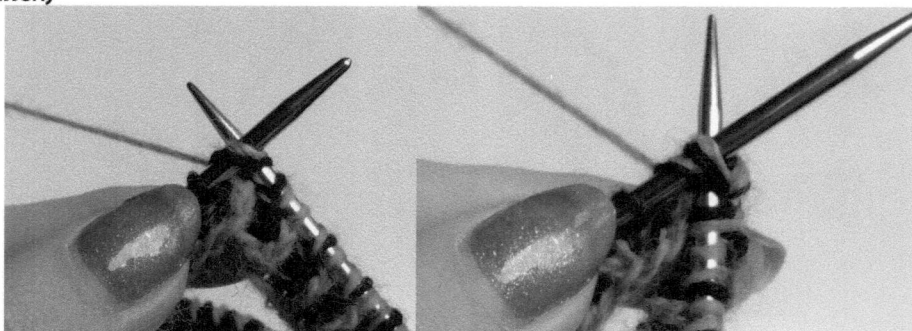

Hier die Schritt-für-Schritt-Fotos für 3M überz.zus.str.:
[= 3 Maschen überzogen zusammenstricken (= 1 Masche mit Umschlag rechts abheben, 2M mit Umschlag rechts zusammenstricken, die abgehobene Masche mit Umschlag über die andere ziehen)]

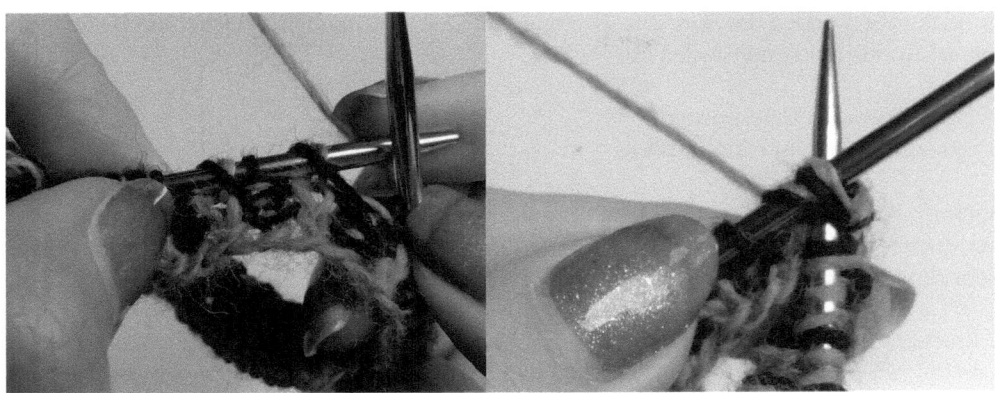

Hier zeige ich 3M mit U zus.abstr.
[=3 Maschen mit den jeweiligen Umschlägen (= 5 Maschen insgesamt) zusammen abstricken]

Zurück zur Mütze - ab Rd 16 folgt das Hauptmuster. Da es hierbei am einfachsten ist, das Muster mittels Strickschrift zu erklären, habe ich mich ausschließlich für die Strickschrift entschieden.

⊟ = 1M links

⟋ = 1M mit dem U zusammen links abh

⋁ = 1M mit dem U rechts zusammenstricken

⋀ = 1M mit dem U links zusammenstricken

▯▯ ▯▯ = aus 1M insgesamt 3M stricken (= 1M re, 1U, 1Mre)

③ = 3M mit den Ümschlägen rechts zusammenstricken

⬆ = 3M überzogen zusammenstricken (= 1M mit dem U abheben, 2M mit dem U rechts zusammenstricken, dann die abgehobene M mit dem U darüberziehen)

Die Buchstaben neben der Rundenzahl dienen als Orientierungshilfe, welcher der beiden Fäden in dieser Runde der Arbeitsfaden ist.

A = bunt (Farbe im Vordergrund)
B = schwarz (Farbe im Hintergrund)

Insgesamt habe ich das Muster 4x hintereinander gestrickt. Dadurch wird die Beaniemütze aber auch recht lang. Wer es nicht ganz so lang haben möchte, sollte besser nur 3x hintereinander das Muster stricken.

Im Anschluss mit dem bunten Faden (Kolibri) noch 1 Rd re str, bevor alle M abgekettet werden. Einen längeren Faden nach dem Abketten hinterlassen, mit dem gleich die Mütze oben geschlossen wird.

Zunächst jedoch die Mütze auf links drehen bzw. wenden.
Den Faden in die Wollnadel einfädeln und durch jede einzelne Masche stechen (wie beim Weben). Den Faden fest und straff durch jede einzelne Masche ziehen. Daduch kräuselt sich der Rand, und die Mütze schließt sich mehr und mehr.
Am Ende wird noch eine kleine Lücke bleiben, die du mit mehreren Stichen zunähst. Je 1x von unten nach oben, von links nach rechts und 2x diagonal.
Anschließend alle Fäden vernähen - fertig!

RVO Pulli Sissi

Material:

- Für die Gr. 36/38 habe ich insgesamt 11x 50g „Merino Big" von Rellana in lila (Nr. 35) verwendet, allerdings in Kurzgröße, da ich etwas kleiner geraten bin. Für die übliche Gr. 36/38 würde ich 1 Knäuel mehr empfehlen; für jede weitere Doppelgröße solltest du 4 weitere Knäule einkalkulieren; (beides erhältlich über meinen Shop auf www.romyfischer.de)
- Rundstricknadel 6,0 (1x 80cm lang, 2x 40cm lang, sowie ein Nadelspiel in 6,0
- Mehrere Maschenmarkierer
- Maßband, Schere und Wollnadel

Gesamthöhe: Im Original habe ich für Gr. 36/38 gestrickt, allerdings mit etwas kürzeren Ärmeln (56cm Ärmellänge), der Teil für den Körper ist 60cm lang geworden

Gestrickt wird in zunächst in Reihen, später in Runden in der RVO-Technik (Raglan von oben). Dies bedeutet, der Pullover wird von oben abwärts in einem Stück gestrickt, ohne dass im Anschluss einzelne Teile zusammengenäht werden müssen.

Mit welcher Maschenzahl du startest, hängt von 2 Faktoren ab, die ich dir gleich näher erläutere. Anhand dieser Faktoren kannst du dir Schritt für Schritt die benötigte Maschenzahl ausrechnen, die du für die jeweilige Größe brauchst.
Ich nenne dir gleich in einer Grafik meine Beispielzahlen, anhand derer du deine jeweiligen Zahlen ausrechnen kannst – so ist es am einfachsten.

Meine Maße (als Beispiel):

Halsumfang: 33cm
Maschenprobe 10cm Länge = 15 Maschen (Rechnung, um zu erfahren, wie viele Maschen = 1cm Länge benötigt werden: 15 Maschen : 10cm = 1,5 Maschen pro 1cm; also ca. 50 Maschen für 33cm Halsumfang - 1,5 Maschen x 33cm Halsumfang = 49,5 - also 50 Maschen)

Dein Halsumfang: _____
Maschenprobe 10cm Länge: _____
Wie viele Maschen für deinen Halsumfang insgesamt: _____

In meinem Beispiel geht's nun weiter:
50 Maschen : 2 = 25 (25 ist nicht durch 2 teilbar, also nehme ich 26)
26 : 2 = 13
13 : 2 = 6,5
Merke dir diese Zahlen - sie werden dir gleich wieder begegnen.
Berechne nach diesem Beispiel auch deine 3 Zahlen.

Meine Maße (als Beispiel):

Rücken = 13 Maschen
Ärmel rechts = 6 Maschen
Ärmel links = 6 Maschen
Vorderseite = 26 Maschen
Maschen für Raglan-Linie = 4x 1 Masche

Nun folgt deine Berechnung:

Rücken = _____
Ärmel rechts = _____
Ärmel links = _____
Vorderseite = _____
Maschen für Raglan-Linie = 4x 1 Masche

Die Vorderseite wird in 3 Teile geteilt.
In meinem Fall 26 : 3 = 8,6 - also gerundet = 8

Und bei dir? _____

Zur Vorderseite vorab noch ein Hinweis:

Dies ist nur ein Vorabhinweis zu einzelnen Arbeitsschritten, die ich im Verlauf dieser Anleitung noch in einzelnen Schritten erklären werde.

Die Vorderseite wurde in 3 Teile geteilt (siehe auch folgende Skizze zur bildlichen Darstellung). Insgesamt werden im Laufe der Reihen Stück für Stück die Maschen zugenommen, die für die Vorderseite benötigt werden – und zwar werden hier nur die Zunahmen am Rand berechnet – nicht die Zunahmen, die zusätzlich als Umschlag gestrickt werden (rund um die Raglan-Linie). Die Maschen für die Vorderseite werden nämlich nicht alle zu Beginn aufgenommen.
Zu Beginn werden für die Vorderseite jeweils nur 1 Masche links und rechts aufgenommen (Teil 1 und 3 als durchgezogene Linie in der Skizze eingezeichnet). Es benötigt ab Reihe 3 insgesamt in meinem Beispiel, insgesamt 7 Hinreihen mit Zunahmen am Rand (Anfang und Ende jeder Hinreihe), um beidseitig auf je 8 Maschen zu kommen. Sobald ich diese 7 Zunahmen am Rand beidseitig in jeder Hinreihe gestrickt habe, nehme ich die letzten 8 Maschen auf einmal am Rand zu (3 Teile à 8 Maschen = 26 Maschen für die Vorderseite in meinem Beispiel). Genauere Erläuterungen hierzu in Reihe 3.
Letzten 8 Maschen, die ich zum Schluss auf einmal am Rand aufnehme, habe ich in der Skizze mit einer gestrichelten Linie eingezeichnet. Die blauen Linien stellen die Raglan-Linie dar – von oben betrachtet:

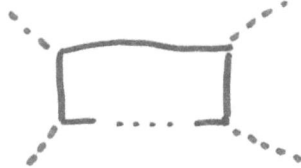

Nun hast du deine Maschenanzahl berechnet und kannst mit der Maschenaufnahme beginnen. Am besten ist, du markierst jede Masche, die eine Raglan-Masche darstellt mit einem Maschenmarkierer – so kommst du nicht so schnell durcheinander und weißt ganz genau, welche Masche du auf der Vorderseite in den Hinreihen links stricken musst – alles andere wird nämlich in rechten Maschen in den Hinreihen gestrickt.

Zur Maschenaufnahme nimm zu Beginn möglichst eine der 40cm lange Nadeln.

Also: 1M für die Vorderseite – 1 Raglan-Masche – Ärmelmaschen 1 – 1 Raglan-Masche – Rückseitenmaschen – 1 Raglan-Masche – Ärmelmaschen 2 – 1 Raglan-Masche – 1M für die Vorderseite

In meinem Beispiel: 1M für die Vorderseite – 1 Raglan-Masche – 6 Ärmelmaschen – 1 Raglan-Masche – 13 Rückseitenmaschen – 1 Raglan-Masche – 6 Ärmelmaschen – 1 Raglan-Masche – 1M für die Vorderseite
= insgesamt 31 Maschen

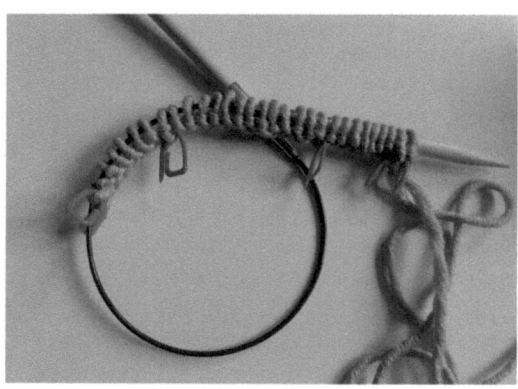

Reihe 1 wird wie folgt gestrickt:
1M re, 1U, 1M li, 1U, Ärmelmaschen re stricken, 1U, 1M li, 1U, Rückseitenmaschen re stricken, 1U, 1M li, 1U, Ärmelmaschen re stricken, 1U, 1M li, 1U, 1M re

Reihe 2 strickst du alle Maschen als linke Maschen, keine U an den bestreffenden Stellen stricken, doch die Raglan-Maschen wird in diesen Rückreihen re gestrickt.

Ab Reihe 3 beginnen wir mit den Zunahmen für die beiden Teile der Vorderseiten. Denn nicht nur die U sind die Zunahmen an den Raglan-Linien, die wir benötigen, sondern auch am Halsausschnitt am Rand müssen wir Zunahmen stricken. Dies mache ich, indem ich aus 2Mre 1 stricke.

Hierfür stricke ich die erste und die letzte M der Reihe jeweils re, lasse die Masche auf der linken Nadel und steche hinter der Nadel wieder in die Masche ein und stricke quasi 1M re verschränkt. Somit habe ich 2M aus 1 gestrickt und kann sie von der linken Nadel gleiten lassen.

Der Rest wird genauso gestrickt, wie in Reihe 1.
Die U und auch die Zunahmen am Rand (erste und letzte Masche der Reihe) werden immer nur in den Hinreihen gestrickt.

Reihe 4 und alle anderen geraden Reihen werden stets wie Reihe 2 gestrickt.

Ab wann beginnt das Zopfmuster an den Ärmeln?
Sobald du insgesamt 10M auf der Ärmelseite hast.
Bei mir war dies bereits in Reihe 5 der Fall – das Zopfmuster beginnt, wenn du in einer Hinreihe bist, also wenn du re strickst.

Für das Verzopfen habe ich 1 Nadel aus dem Nadelspiel genommen.

Das Zopfmuster für die Ärmel wird wie folgt gestrickt (kleines geflochtenes Zopfmuster in Reihen):

R 1: 2M li, 4M vorn kreuzen, 2M re, 2M li

R 2: 2M re, 6M li, 2M re

R 3: 2M li, 2M re, 4M hinten kreuzen, 2M li

R 4: 2M re, 6M li, 2M re

Reihe 1-4 für das Zopfmuster an den Ärmeln stets wiederholen.

Alle Maschen, die durch die U-Zunahmen in jeder 2. Reihe neu dazu kommen, werden um das Zopfmuster herum re gestrickt.

Sobald du beidseitig alle Zunahmen am Rand gestrickt hast, die du für 2/3 der Vorderseite benötigst, nimmst du das letzte Drittel der noch benötigten M auf einmal auf (in meinem Fall waren es 8M), nachdem du die letzte Hinreihe re gestrickt hast.

Es wird von nun an nicht mehr gewendet und Rückreihen gestrickt, denn von nun an, wird der Pullover nur noch in Runden gestrickt.
Die Raglan-Maschen mit je 1U davor und danach werden natürlich weitegestrickt, bis du die Armausschnitte machst – dazu kommen wir aber später.

Das beste ist, du markierst dir entweder mit einem Maschenmarkierer oder aber mit einer geknoteten andersfarbigen Schlaufe, die du auf die Nadel schieben kannst, wo die Runde aufhört und eine neue Runde beginnt.

In meinem Fall war es nach Reihe 29, welche ich dann zur Runde schloss (also Runde 29). Diese Runde zählt übrigens auch als erste Runde für den großen Zopf auf der Vorderseite in der Mitte.

Kurz vorab jedoch erkläre ich jedoch noch schnell, was sich in Runden für das Zopfmuster an den Ärmeln ändert:

R 1: 2M li, 4M vorn kreuzen, 2M re, 2M li

R 2: 2M re, 6M re, 2M re

R 3: 2M li, 2M re, 4M hinten kreuzen, 2M li

R 4: 2M re, 6M re, 2M re

Während du das Zopfmuster für die Ärmel weiterhin im gleichmäßigen Rhythmus strickst, hast du soeben Runde 1 für das große Zopfmuster auf der Vorderseite begonnen.
Hinweis: das große Zopmuster geht insgesamt über 16 Maschen.
Rechne dir bitte wie folgt aus, wo genau an deinem Pullover das große Zopfmuster gestrickt werden soll und markiere es bestenfalls für die ersten Runden.

Zur Berechnung des großen Zopfmusters.

Nimm die Zahl der Maschen, die du als letztes Drittel auf einmal am Rand zugenommen hast, bevor du zur Runde geschlossen hast – in meinem Fall waren es 8M. Sie bilden die Mitte der Vorderseite. Somit berechne ich links und rechts weitere 4M ein, damit ich auf insgesamt 16M komme. Diese wie gesagt bestenfalls markieren für die ersten Runden, bis sie nach einiger Zeit eindeutig zu erkennen sind. Dann kann man die Markierung dafür wieder entfernen.

Großes Zopfmuster für die Vorderseite:

R 1 + 2 + 4 + 5 + 6 + 7 + 8 + 11 + 12: 2M li, 12M re, 2M li

R 3: 2M li, 8M vorn kreuzen, 4M re, 2M li

R 9: 2M li, 4M re, 8M hinten kreuzen, 2M li

Runden 1-12 für das große Zopfmuster auf der Vorderseite stets wiederholen.

Ab einem gewissen Zeitpunkt hast du so viele M auf der Nadel, dass es recht eng wird. Und bevor dir einige M von der Nadel rutschen, solltest du bei der nächsten Gelegenheit auf die 80cm wechseln. Dies tust du, indem du einfach bei einem neuen Rundenanfang alle Maschen auf die längere Nadel abstrickst. Ich habe dafür eine Runde genommen, in der ich nicht verzopfen musste – weder an den Ärmeln, noch an der Vorderseite. So war es einfacher für mich.

Wann ist meine Raglan-Linie lang genug, damit ich die Armausschnitte machen kann?

Das müsstest du bei dir ausmessen.
Anhand der folgenden Skizze habe ich dir aufgezeigt, von wo bis wohin du messen musst. Also, vom Schulter-/Halsbereich bis hinunter unter den Arm. Wenn du mit dem Maßband in der Achselhöhle angekommen bist, solltest du unbedingt noch weitere 5cm hinzuberechnen, da der Ärmel sonst viel zu eng und evtl. gar nicht passen wird.
In meinem Fall musste die Raglan-Linie 32cm betragen.

Diese 32cm Raglan-Linienlänge hatte ich nach Rd 35 erreicht.
In Rd 36 habe ich also angefangen, die Armausschnitte zu machen.
Hierfür habe ich bis zur nächsten Raglan-Masche gestrickt. Die 80cm Nadel habe ich dann zur Seite gelegt und eine der 40cm Nadeln genommen. Von Raglan-Masche zur Raglan-Masche habe ich alle Ärmelmaschen auf die 40cm Nadel gestrickt (inkl. beider Raglan-Maschen, die ab jetzt re gestrickt werden, nicht mehr li). Alle Maschen der Rückseite habe ich wieder auf die 80cm Nadel gestrickt, und von Raglan-Masche zur Raglan-Masche alle Ärmelmaschen wieder auf die zweite 40cm Nadel, und den Rest der Vorderseite auf die 80cm Nadel stricken.

Jetzt hast du die Ärmelmaschen auf beiden Seiten von den Maschen des Körpers getrennt.
Von jetzt an strickst du vorerst nur den Körper mit dem großen Zopfmuster weiter – um die Ärmel kümmern wir uns später, sobald der Körper fertig ist.

Wann ist mein „Körperteil" fertig?

Das kommt drauf an, wie lang er für dich werden soll. Auch dies müsstest du ggf. abmessen. Entweder an dir selbst (bestenfalls vor dem Spiegel), oder an einem anderen Pullover von dir. Denke daran, dass am Ende auch noch ein Bündchenmuster dazu kommt. Die Länge hierfür bestimmst auch du natürlich.
Ich habe das Bündchen über insgesamt 12 Rd gestrickt.

Das Bündchenmuster:

*1M re, 1M li, ab * wdh bis Rd-Ende
In den folgenden Runden wiederholst du das Muster – jede M, die in der Vorrunde re gestrickt wurde, wird wieder re gestrickt. Jede M, die in der Vorrunde li gestrickt wurde, wird wieder li gestrickt.

Danach mit alle Maschen elastisch abketten (elastisches Abketten ist im Kapitel Pulli Sansibar auf S. 14 erklärt).

Die Ärmel

Im Anschluss beginnst du mit einem der Ärmel.
Auf der Innenseite befestigst du den Faden am Rundenende (denke an eine Rundenmarkierung. Ich habe hierfür eine Fadenschlaufe in einer anderen Farbe gewählt, anstatt eines Maschenmarkierers, da es angenehmer in der Hand war).
Die strickst den Ärmel ganz genauso weiter im Zopfmuster, wie bislang auch, erst einmal ändert sich nichts.
Ich habe zunächst 4 Rd ganz normal weitergestrickt.
Erst danach habe ich mit den Abnahmen für den Ärmel begonnen. Der Ärmel muss ja zum Ende hin schmaler werden, damit er nicht so herumschlackert.

Ich habe pro Runde 1 Masche abgenommen.
Es ist bei diesem Muster jedoch nicht möglich zu sagen: „Immer die ersten beiden Maschen am Anfang zusammenstricken".
Da das Zopfmuster mittig über dem Arm verlaufen soll, geht diese Variante leider nicht, sonst würde sich der Zopf wie eine Spirale über unseren Arm schlängeln.
Deshalb ist es wichtig, in einer Rd die Maschenabnahme am Rundenanfang zu machen, und in der darauf folgenden Runde am Rundenende.

Ich habe es mir wie folgt gemerkt:
In den Verzopfungsrunden stricke ich am Rundenanfang 1M abn.
In den Runden, in denen nicht verzopft wird, stricke ich am Rundenende 1M abn.
So ist es gleichmäßig verteilt, und der Zopf bleibt in der Mitte des Ärmels.

Wie lang soll der Ärmel werden?
Auch dies müsstest du dir ausmessen. Also, vom Schulter-/Halsbereich bis hinunter zum Handgelenk. Denke daran, dass du auch hier noch ein Bündchen strickst (gleiches Muster wie beim Körper und bestenfalls auch die gleiche Rundenzahl, damit es gleichmäßiger aussieht).

Ab einem gewissen Punkt ist die 40cm Nadel ggf. zu klein für die wenigen Maschen, und es ist besser, auf das Nadelspiel zu wechseln. Ich habe in einer Runde, in der ich nicht verzopft habe, auf insgesamt 3 Nadeln des Nadelspiels gestrickt. Die andere Nadel habe ich weiterhin für das Zopfmuster benötigt.

Wichtig: mache dir unbedingt Notizen dazu, wie viele Abnahmen du insgesamt gestrickt hast bzw. bis welche Runde, wie viele Runden du ohne Abnahmen weitergestrickt hast, bis das Bündchen am Ende noch hinzukam – denn sonst hast du später Schwierigkeiten, den anderen Ärmel exakt gleich zu stricken.

Danach mit alle Maschen elastisch abketten.

Weitere Bücher

Diese und noch viele weitere Titel sind im Buchhandel (auch online, auch als E-Book erhältlich.

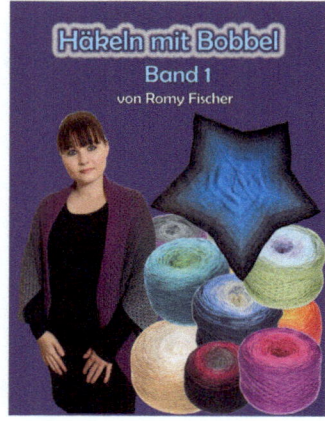
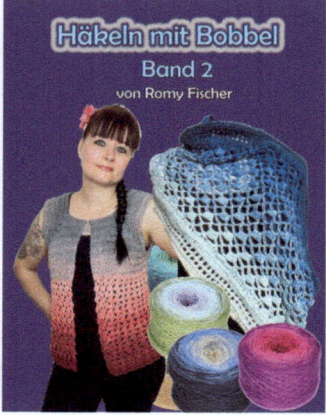
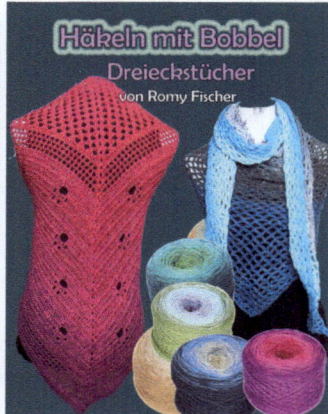

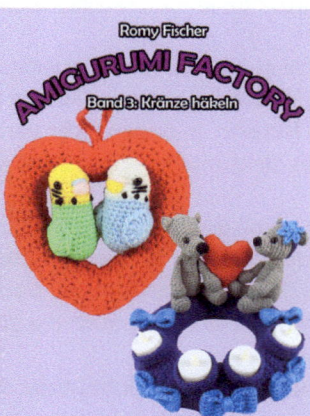

Über mich

Ja, das bin dann wohl ich...

Zunächst möchte ich mich ganz herzlich bedanken, dafür dass du Interesse an meinen Modellen hast und dir die Zeit nimmst, sie nachzuarbeiten. Das ist für mich wirklich eine sehr große Ehre. Und ich hoffe, du hast deine Freude mit dem Ausarbeiten der Modelle und auch mit den Modellen selbst.

Was gibt es sonst über mich zu sagen...?
Ich bin im Jahr 1981 in Hannover geboren und war schon ein recht kreatives Kind, habe gerne gemalt, gebastelt, aber auch schon in sehr jungen Jahren mit meiner Großmutter zusammen Handarbeiten gemacht. Zunächst hat sie mir das Stricken beigebracht, das Häkeln habe ich mir später selbst beigebracht. Das Thema Handarbeiten begleitet mich also schon mein ganzes Leben. Später habe ich mein Fachabitur in Sozialwesen gemacht, was ich zunächst dann auch studiert habe. Eine zusätzliche Ausbildung zur Psychologischen Beraterin folgte.

Seit einigen Jahren arbeite ich als Autorin und Schriftstellerin. Folgende Bücher habe ich bereits veröffentlicht:

- Das Horrorskop
- Das Leiden einer jungen Ebay-Verkäuferin
- Panikattacke Deluxe. Angst & Panik? Einfach drüber lachen
- Die Anti-Psychiaterin (Hörbuch)
- Meine Mutter, ihre Persönlichkeitsstörung und ich (Hörbuch)

Privat bin ich in einer verrückten Hippie-Kommune untergekommen. Das bedeutet, ich werde freundlicherweise von 2 Katern geduldet, sofern ich die Miete zahle, die Dosen öffne und auch sonst alle Aufgaben im Haushalt übernehme.